AF188386

Impressum
Verlag: BABADADA GmbH, Nedderfeld 112 , 22529 Hamburg
Geschäftsführer / Verlagsleitung: Harald Hof
Druck: Books on Demand GmbH, In de Tarpen 42, 22848 Norderstedt

Imprint
Publisher: BABADADA GmbH, Nedderfeld 112 , 22529 Hamburg, Germany
Managing Director / Publishing direction: Harald Hof
Print: Books on Demand GmbH, In de Tarpen 42, 22848 Norderstedt

okul
skola

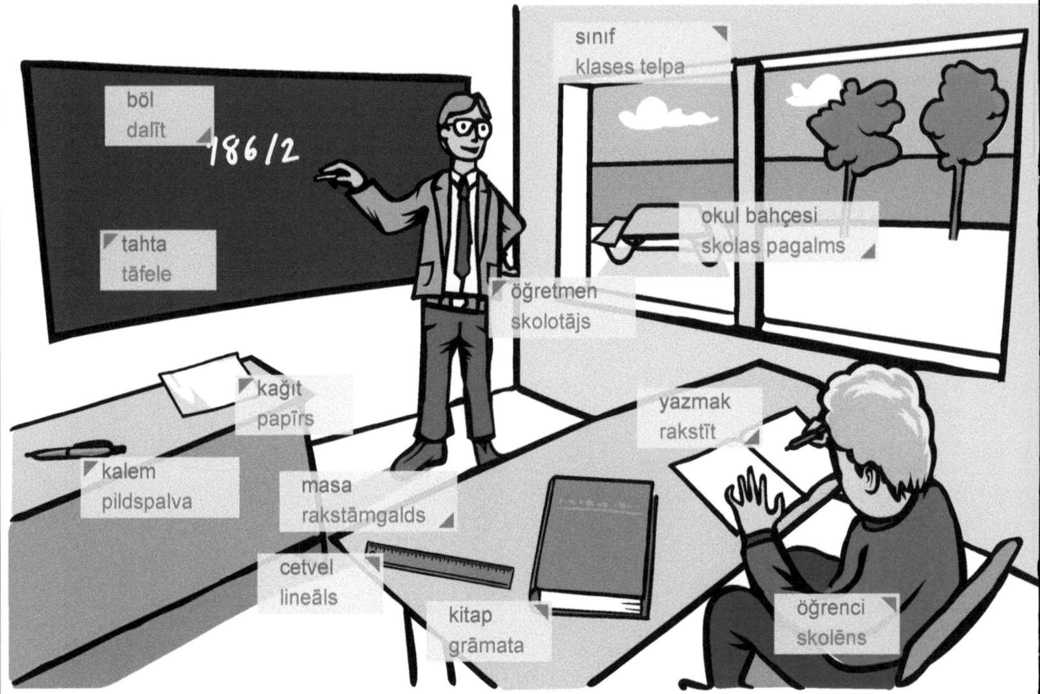

sınıf
klases telpa
böl
dalīt
186/2
tahta
tāfele
okul bahçesi
skolas pagalms
öğretmen
skolotājs
kağıt
papīrs
yazmak
rakstīt
kalem
pildspalva
masa
rakstāmgalds
cetvel
lineāls
kitap
grāmata
öğrenci
skolēns

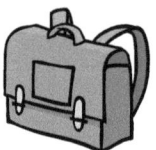

okul çantası

skolas soma

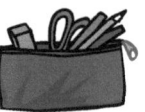

kalemlik

penālis

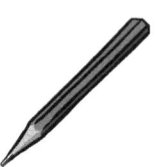

kurşun kalem

zīmulis

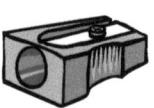

kalem açacağı

zīmuļu asināmais

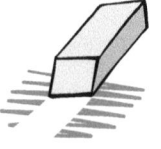

silgi

dzēšgumija

çizim defteri

zīmēšanas bloks

çizim

zīmējums

resim fırçası

ota

boya kutusu

krāsas

makas

šķēres

tutkal

līme

alıştırma kitabı

darba burtnīca

ödev

mājas darbs

sayı

skaitlis

2+2

ekle

saskaitīt

5-2

çıkar

atņemt

2×2

çarp

reizināt

hesapla

rēķināt

A

harf

burts

ABCDEFG
HIJKLMN
OPQRSTU
VWXYZ

alfabe

alfabēts

kelime

vārds

metin

teksts

okumak

lasīt

tebeşir

krīts

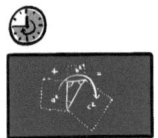

ders

mācību stunda

kayıt

žurnāls

sınav

eksāmens

sertifika

liecība

okul forması

skolas forma

eğitim

izglītība

ansiklopedi

enciklopēdija

üniversite

universitāte

mikroskop

mikroskops

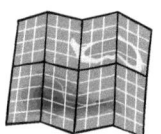

harita

karte

kağıt çöp kutusu

papīrgrozs

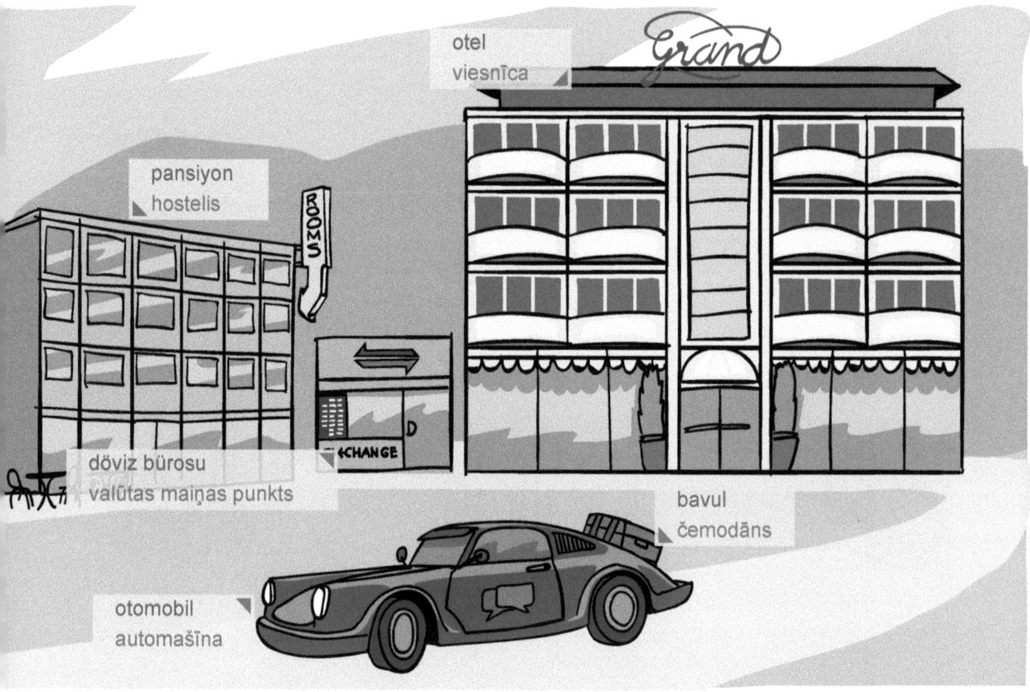

otel
viesnīca
Grand
pansiyon
hostelis
ROOMS
döviz bürosu
valūtas maiņas punkts
CHANGE
bavul
čemodāns
otomobil
automašīna

dil
Valoda

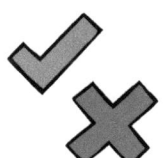

evet / hayır
jā / nē

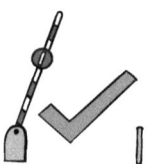

Tamam
Okay

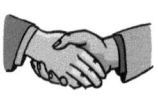

merhaba
Sveiki!

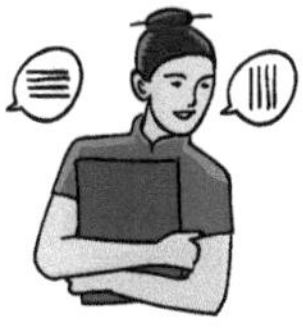

çevirmen
tulks

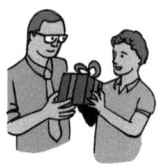

Teşekkür ederim
paldies

bu ... ne kadar?

Cik maksā...?

anlamadım

Es nesaprotu

problem

problēma

İyi akşamlar!

Labvakar!

Günaydın!

Labrīt!

İyi geceler!

Ar labu nakti!

güle güle

Uz redzēšanos

yön

virziens

bagaj

bagāža

çanta

soma

sırt çantası

mugursoma

misafir

viesis

oda

istaba

uyku tulumu

guļammaiss

çadır

telts

turist danışma

tūrisma informācija

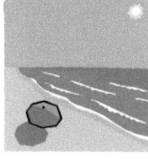

sahil

pludmale

kredi kartı

kredītkarte

kahvaltı

brokastis

öğle yemeği

pusdienas

akşam yemeği

vakariņas

Bilet

biļete

asansör

lifts

pul

pastmarka

sınır

robeža

gümrük

muita

elçilik

vēstniecība

vize

vīza

pasaport

pase

ulaşım
transports

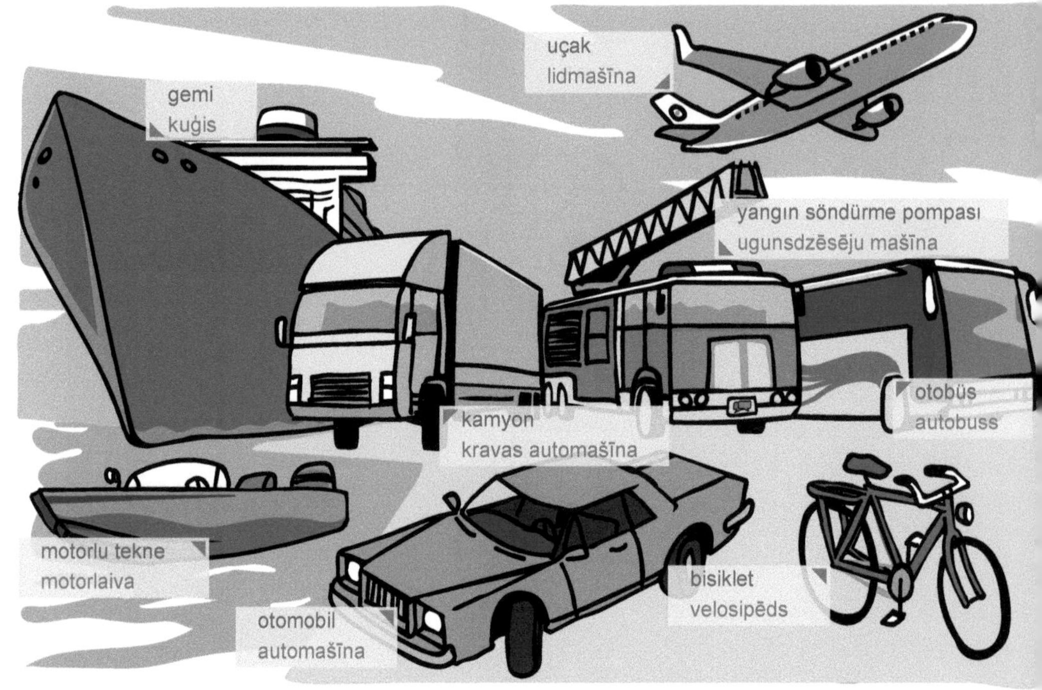

uçak
lidmašīna
gemi
kuģis
yangın söndürme pompası
ugunsdzēšēju mašīna
otobüs
autobuss
kamyon
kravas automašīna
motorlu tekne
motorlaiva
bisiklet
velosipēds
otomobil
automašīna

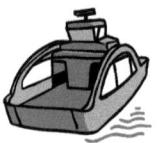

feribot

prāmis

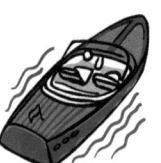

bot

laiva

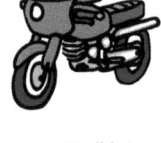

motosiklet

motocikls

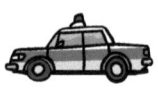

polis arabası

policijas automašīna

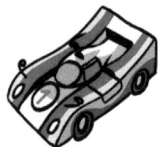

yarış arabası

sacīkšu automobilis

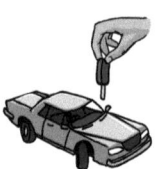

kiralık araba

nomas auto

ortak araba

auto koplietošana

çekici

evakuators

çöp kamyonu

atkritumu mašīna

motor

dzinējs

yakıt

benzīns

benzinlik

degvielas uzpildes stacija

trafik işareti

ceļa zīme

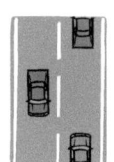

trafik

satiksme

trafik sıkışıklığı

sastrēgums

otopark

stāvvieta

tren istasyonu

dzelzceļa stacija

ray

sliedes

tren

vilciens

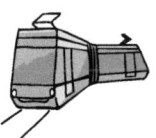

tramvay

tramvajs

vagon

vagons

helikopter

helikopters

havaalanı

lidosta

kule

tornis

yolcu

pasažieris

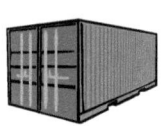

konteyner

konteiners

koli

kaste

yük arabası

ratiņi

sepet

grozs

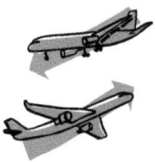

kalkış / iniş

pacelties / nosēsties

şehir

pilsēta

köy

ciems

şehir merkezi

pilsētas centrs

ev

māja

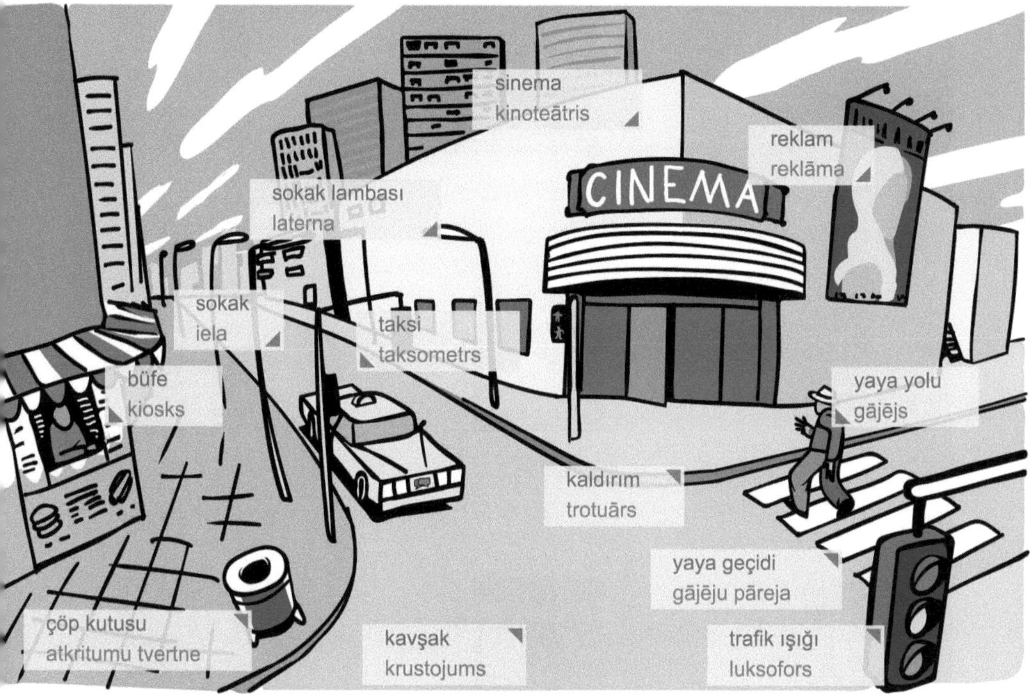

sinema
kinoteātris

reklam
reklāma

sokak lambası
laterna

CINEMA

sokak
iela

taksi
taksometrs

büfe
kiosks

yaya yolu
gājējs

kaldırım
trotuārs

yaya geçidi
gājēju pāreja

çöp kutusu
atkritumu tvertne

kavşak
krustojums

trafik ışığı
luksofors

kulübe
....
būda

apartman dairesi
....
dzīvoklis

tren istasyonu
....
dzelzceļa stacija

belediye binası
....
rātsnams

müze
....
muzejs

okul
....
skola

üniversite

universitāte

banka

banka

hastane

slimnīca

otel

viesnīca

eczane

aptieka

ofis

birojs

kitapçı

grāmatnīca

mağaza

veikals

çiçekçi

ziedu veikals

süpermarket

lielveikals

market

tirgus

büyük mağaza

tirdzniecības centrs

balık satıcısı

zivju tirgotājs

alışveriş merkezi

tirdzniecības centrs

liman

osta

park

parks

bank

sols

köprü

tilts

merdiven

kāpnes

metro

metro

tünel

tunelis

otobüs durağı

autobusa pieturvieta

bar

bārs

restoran

restorāns

posta kutusu

pastkastīte

sokak tabelası

ielas nosaukuma plāksne

otopark sayacı

stāvlaika skaitītājs

hayvanat bahçesi

zooloģiskais dārzs

yüzme havuzu

peldbaseins

cami

mošeja

çiftlik

zemnieku saimniecība

kirlilik

vides piesārņojums

mezarlık

kapsēta

kilise

baznīca

oyun alanı

spēļu laukums

tapınak

templis

arazi
ainava

yaprak
lapa

yön tabelası
ceļrādis

yol
ceļš

çayır
pļava

taş
akmens

yürüyüşçü
ceļotājs

ağaç
koks

ırmak
upe

çimen
zāle

çiçek
puķe

vadi
ieleja

tepe
kalns

göl
ezers

orman
meżs

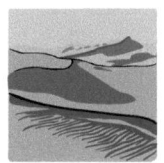

çöl
tuksnesis

volkan
vulkāns

kale
pils

gökkuşağı
varavīksne

mantar
sēne

palmiye
palma

sivrisinek
moskīts

sinek
muša

karınca
skudra

arı
bite

örümcek
zirneklis

böcek

vabole

kurbağa

varde

sincap

vāvere

kirpi

ezis

yabani tavşan

zaķis

baykuş

pūce

kuş

putns

kuğu

gulbis

yaban domuzu

meža cūka

geyik

briedis

geyik

alnis

baraj

aizsprosts

rüzgar türbini

vēja ģenerators

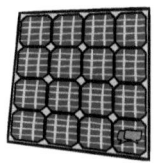

güneş paneli

saules baterija

iklim

klimats

arazi - ainava

restoran
restorāns

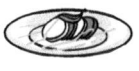

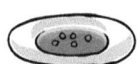

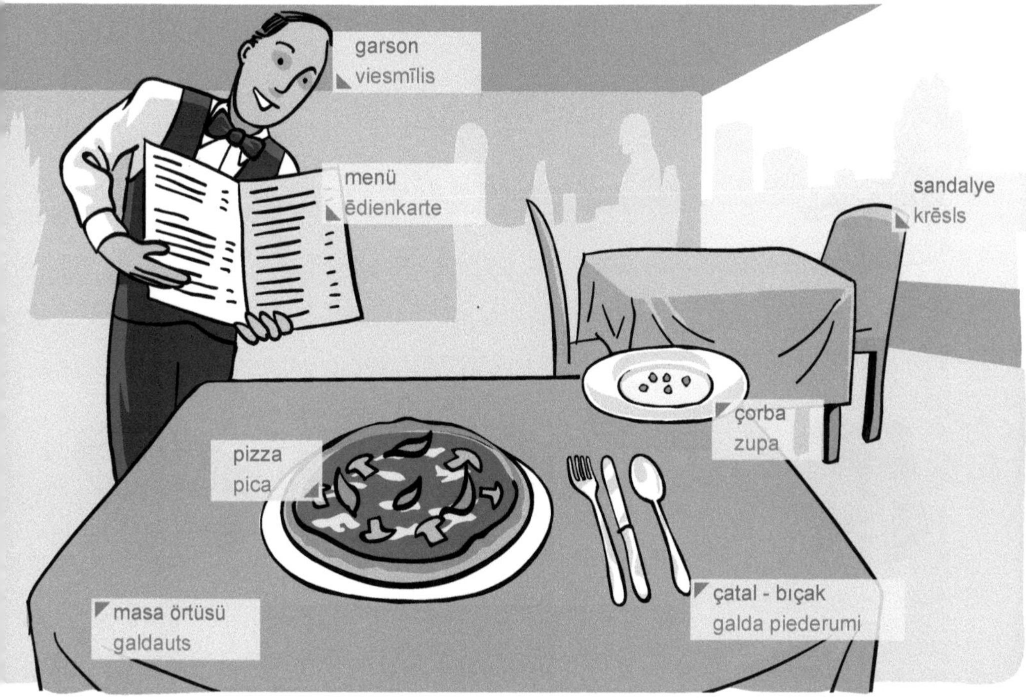
garson
viesmīlis
menü
ēdienkarte
sandalye
krēsls
çorba
zupa
pizza
pica
çatal - bıçak
galda piederumi
masa örtüsü
galdauts

başlangıç
uzkoda

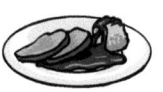

ana yemek
pamatēdiens

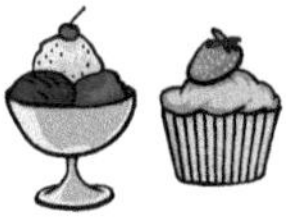

tatlı
deserts

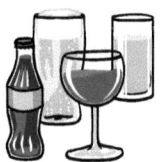

içecekler
dzērieni

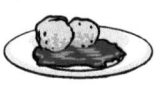

yemek
ēdiens

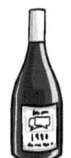

şişe
pudele

fastfood

ātrās uzkodas

sokak yemeği

ielu uzkodas

çaydanlık

tējkanna

şekerlik

cukurtrauks

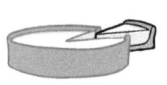

porsiyon

porcija

espresso makinesi

espresso kafijas automāts

mama sandalyesi

bāra krēsls

fatura

rēķins

tepsi

paplāte

bıçak

nazis

çatal

dakša

kaşık

karote

çay kaşığı

tējkarote

servis peçetesi

salvete

bardak

glāze

restoran - restorāns

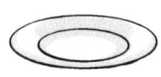		
tabak	çorba kasesi	fincan altlığı
škīvis	zupas škīvis	apakštase

sos	tuzluk	karabiber değirmeni
mērce	sāls traucioš	piparu dzirnaviņas

		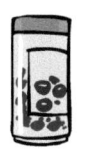 
sirke	yağ	baharat
etiķis	eļļa	garšvielas

ketçap	hardal	mayonez
kečups	sinepes	majonēze

süpermarket
lielveikals

özel teklif
piedāvājums
FOR
müşteri
klients
süt ürünleri
piena produkti
meyve
augļi
alışveriş arabası
iepirkumu ratiņi

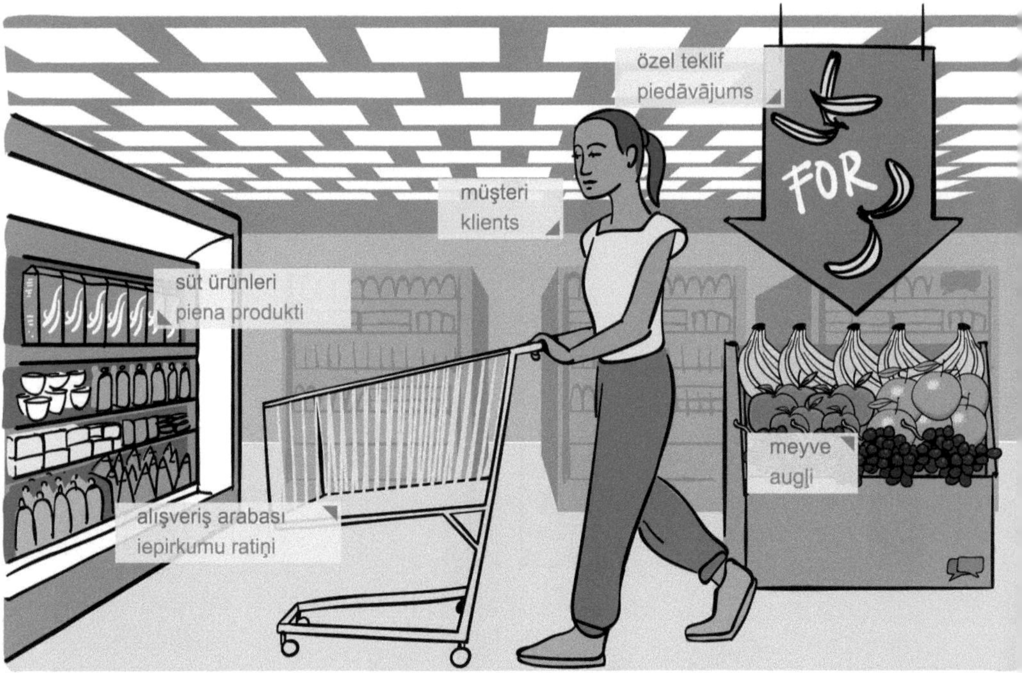

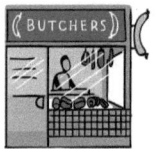

BUTCHERS

kasap

kautuve

BAKERY

fırın

maizes veikals

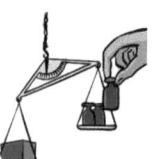

tartmak

svērt

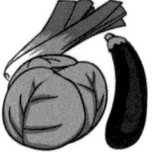

sebze

dārzeņi

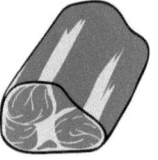

et

gaļa

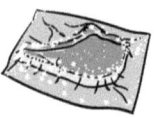

donmuş gıda

saldēti produkti

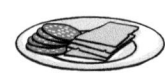

söğüş et

aukstās gaļas uzkodas

konserve yiyecek

konservi

toz deterjan

pulveris

şekerlemeler

saldumi

ev temizlik ürünleri

mājsaimniecības preces

temizlik ürünleri

tīrīšanas līdzeklis

satış görevlisi

pārdevēja

yazar kasa

kase

kasiyer

kasieris

alışveriş listesi

iepirkumu saraksts

açılış saatleri

darba laiks

cüzdan

maks

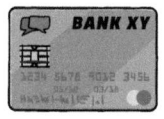

kredi kartı

kredītkarte

çanta

soma

plastik poşet

maisiņš

su
ūdens

meyve suyu
sula

süt
piens

kola
kola

şarap
vīns

bira
alus

alkol
alkohols

kakao
kakao

çay
tēja

kahve
kafija

espresso
espresso

kapuçino
kapučīno

muz

banāns

elma

ābols

portakal

apelsīns

kavun

melone

limon

citrons

havuç

burkāns

sarımsak

ķiploks

bambu

bambuss

soğan

sīpols

mantar

sēne

çerez

rieksti

makarna

makaroni

spagetti

spageti

pirinç

rīsi

salata

salāti

cips

frī kartupeļi

patates kızartması

cepti kartupeļi

pizza

pica

hamburger

hamburgers

sandviç

sviestmaize

şinitzel

šnicele

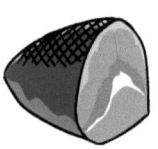

pastırma

šķiņķis

salam

salami

sosis

desa

tavuk

vista

rosto

cepetis

balık

zivs

yulaf ezmesi

auzu pārslas

müsli

muslis

mısır gevreği

brokastu pārslas

un

milti

kruvasan

radziņš

küçük ekmek

brokastu maizītes

ekmek

maize

tost

tostermaize

bisküvi

cepumi

tereyağı

sviests

kaymak

biezpiens

kek

kūka

yumurta

ola

sahanda yumurta

cepta ola

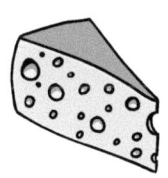

peynir

siers

dondurma

saldējums

şeker

cukurs

bal

medus

reçel

marmelāde

fındık ezmesi

riekstu krēms

köri

karijs

çiftlik
zemnieku saimniecība

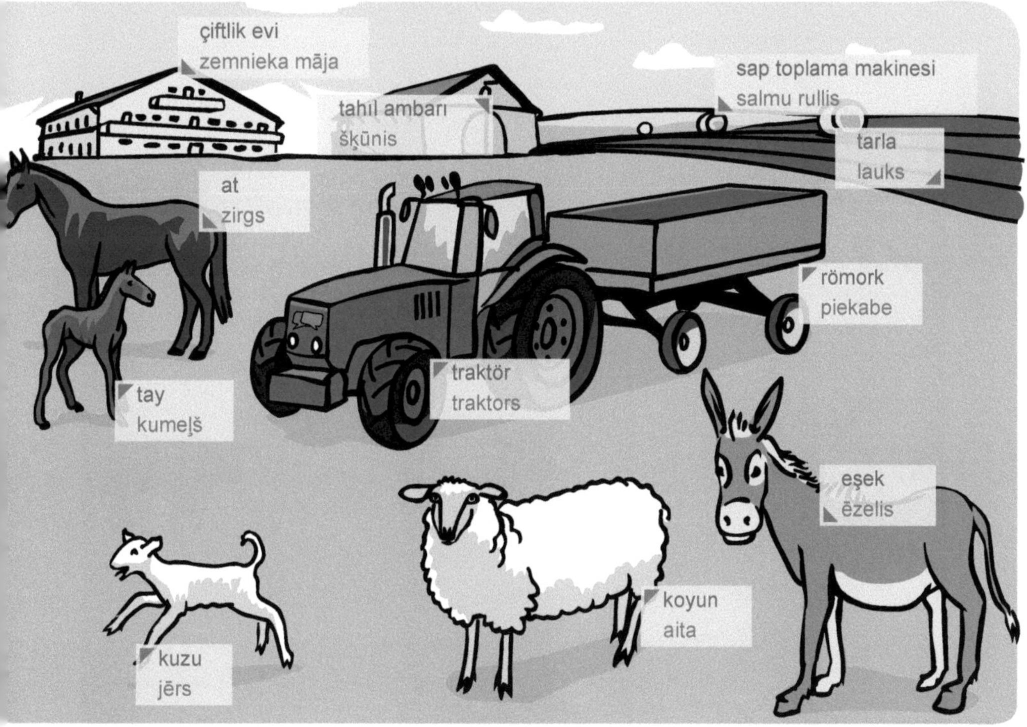

çiftlik evi
zemnieka māja
tahıl ambarı
šķūnis
sap toplama makinesi
salmu rullis
tarla
lauks
at
zirgs
römork
piekabe
traktör
traktors
tay
kumeļš
eşek
ēzelis
koyun
aita
kuzu
jērs

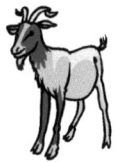

keçi

kaza

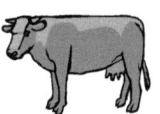

inek

govs

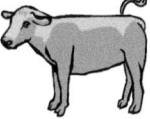

buzağı

teļš

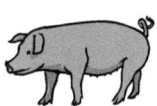

domuz

cūka

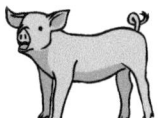

domuz yavrusu

sivēns

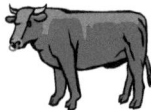

boğa

bullis

kaz
zoss

ördek
pīle

civciv
cālis

tavuk
vista

horoz
gailis

sıçan
žurka

kedi
kaķis

fare
pele

öküz
vērsis

köpek
suns

köpek kulübesi
suņa būda

bahçe hortumu
dārza šļūtene

sulama kabı
lejkanna

tırpan
izkapts

pulluk
arkls

orak
sirpis

çapa
kaplis

dirgen
mēslu dakša

balta
cirvis

el arabası
ķerra

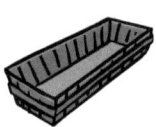

yemlik
sile

süt kovası
piena kanna

çuval
maiss

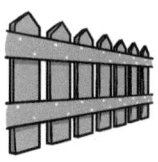

çit
žogs

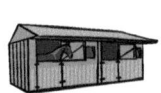

ahır
kūts

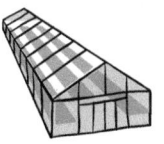

sera
siltumnīca

toprak
augsne

tohum
sēklas

gübre
mēslojums

biçerdöver
kombains

hasat etmek

novākt ražu

harman

raža

tatlı patates

jamss

buğday

kvieši

soya

soja

patates

kartupelis

mısır

kukurūza

kolza

rapsis

meyve ağacı

augļu koks

manyok

manioka

hububat

labība

baca
skurstenis

çatı
jumts

yağmur oluğu
lietus noteka

pencere
logs

garaj
garāža

kapı zili
durvju zvans

kapı
durvis

çöp kutusu
atkritumu spainis

posta kutusu
pastkastīte

bahçe
dārzs

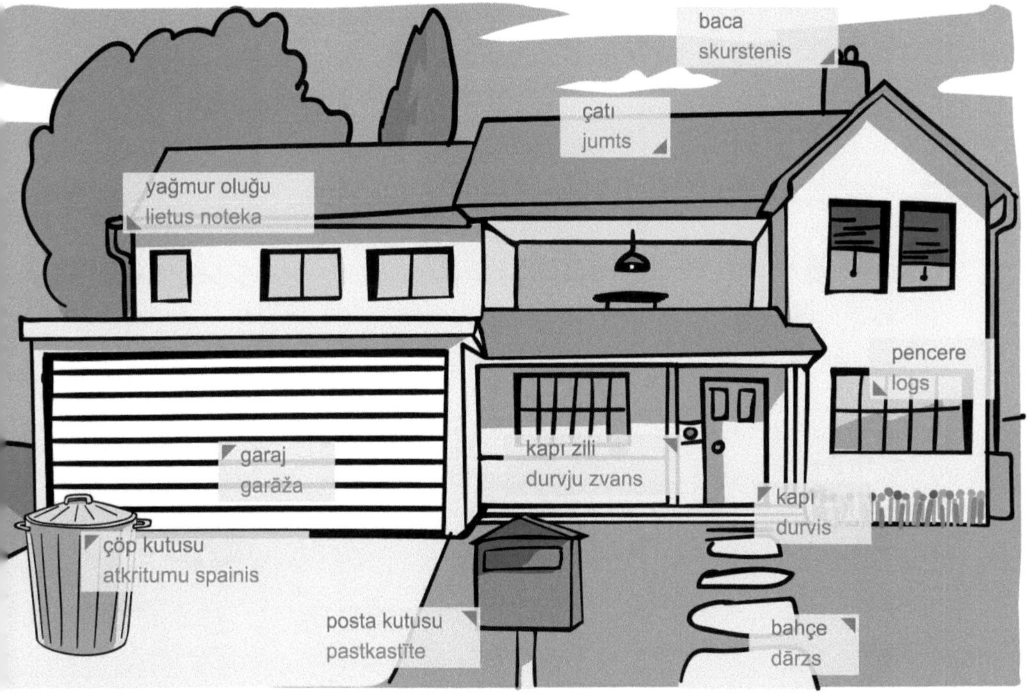

oturma odası
viesistaba

banyo
vannas istaba

mutfak
virtuve

yatak odası
guļamistaba

çocuk odası
bērnu istaba

yemek odası
ēdamistaba

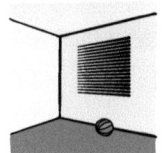

zemin
....
grīda

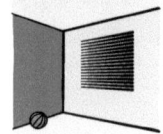

duvar
....
siena

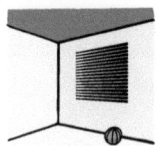

tavan
....
griesti

kiler
....
pagrabs

sauna
....
sauna

balkon
....
balkons

teras
....
terase

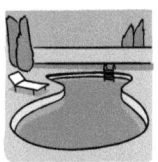

havuz
....
baseins

çim biçme makinesi
....
zāles pļāvējs

çarşaf
....
gultas veļa

yatak örtüsü
....
sega

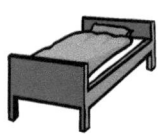

yatak
....
gulta

süpürge
....
slota

kova
....
spainis

anahtar
....
slēdzis

oturma odası
viesistaba

duvar kağıdı
tapetes
resim
attēls
lamba
lampa
raf
plaukts
dolap
skapis
televizyon
televizors
şömine
kamīns
çiçek
puķe
minder
spilvens
kanepe
dīvāns
vazo
vāze
uzaktan kumanda
tālvadības pults

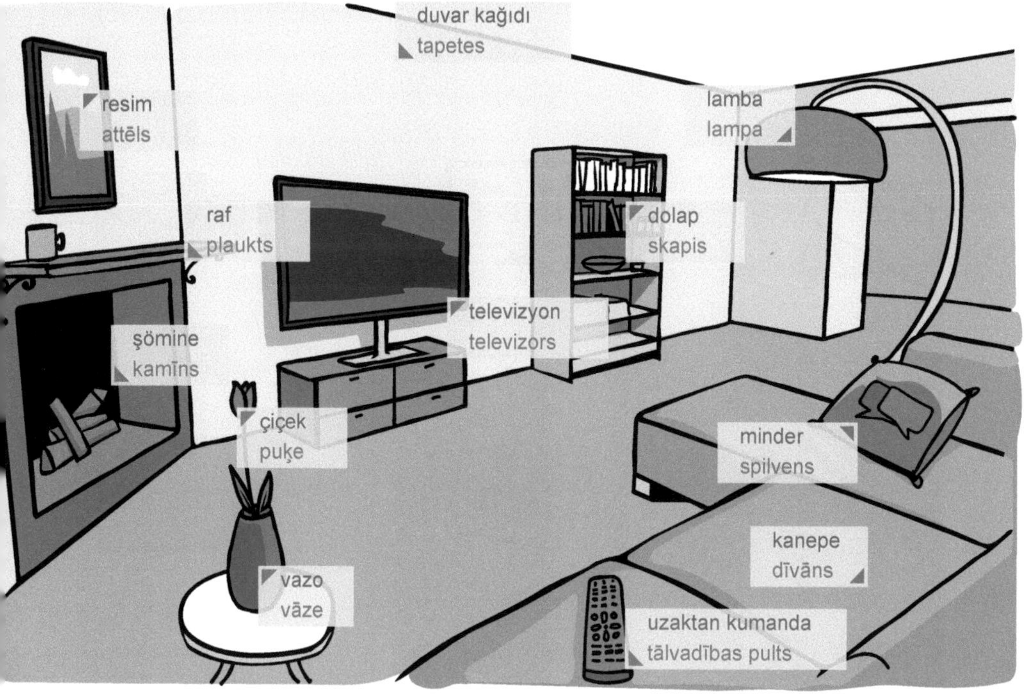

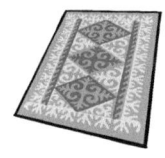

halı
paklājs

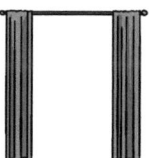

perde
aizkars

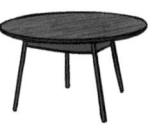

masa
galds

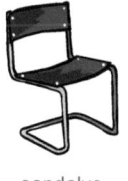

sandalye
krēsls

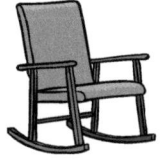

salıncaklı koltuk
šūpuļkrēsls

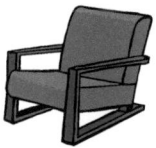

koltuk
atpūtas krēsls

kitap

grāmata

battaniye

sega

dekor

dekorācija

odun

malka

film

filma

hi-fi

mūzikas centrs

anahtar

atslēga

gazete

avīze

tablo

glezna

poster

plakāts

radyo

radio

defter

pierakstu blociņš

elektrikli süpürge

putekļu sūcējs

kaktüs

kaktuss

mum

svece

mutfak
virtuve

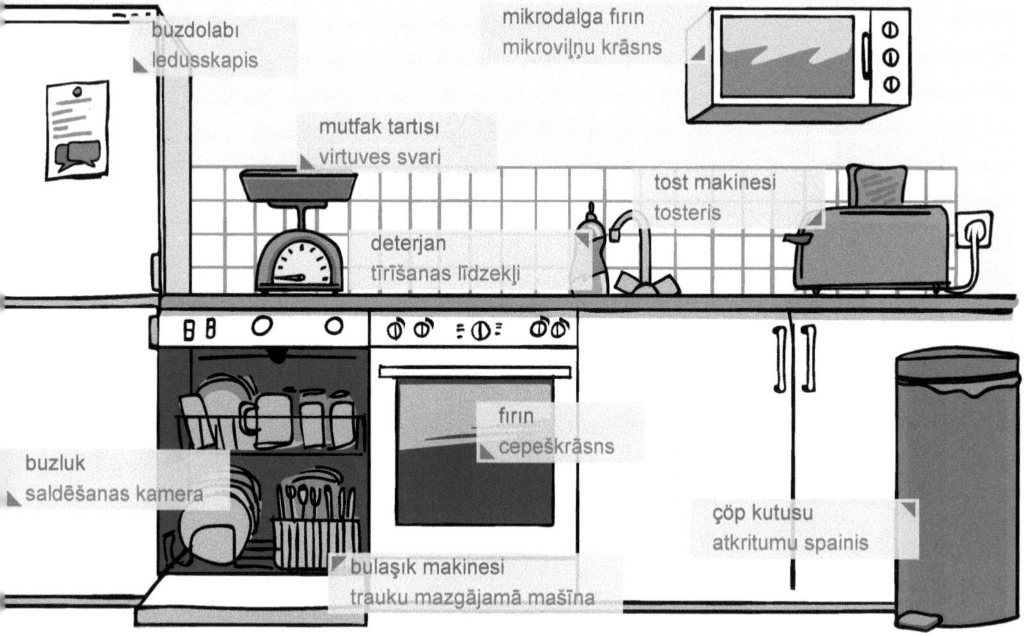
buzdolabı
ledusskapis
mikrodalga fırın
mikroviļņu krāsns
mutfak tartısı
virtuves svari
tost makinesi
tosteris
deterjan
tīrīšanas līdzekļi
fırın
cepeškrāsns
buzluk
saldēšanas kamera
çöp kutusu
atkritumu spainis
bulaşık makinesi
trauku mazgājamā mašīna

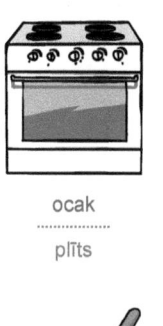

ocak
plīts

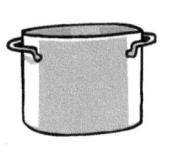

tencere
pods

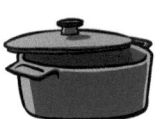

döküm tencere
katls

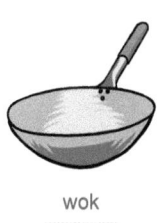

wok
Wok panna

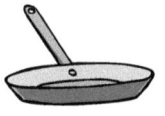

tava
panna

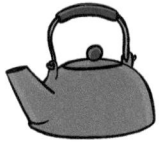

su ısıtıcı
elektriskā tējkanna

buharlı pişirici

tvaika katls

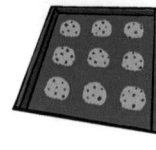

pişirme tepsisi

cepešpanna

tabak takımı

trauki

kupa

krūze

kase

bļoda

çubuk (çin yemeği)

irbulīši

kepçe

kauss

spatula

lāpstiņa

çırpma teli

putošanas slotiņa

süzgeç

sietiņš

elek

siets

rende

rīve

havan

piesta

barbekü

grilēt

açık ateş

atklāts pavards

kesme tahtası

dēlis

merdane

mīklas rullis

tirbüşon

korķu viļķis

konserve kutusu

bundža

konserve açacağı

konservu nazis

fırın eldiveni

virtuves cimdi

evye

izlietne

fırça

birste

sünger

sūklis

blender

mikseris

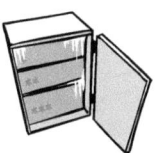

derin dondurucu

saldētava

biberon

bērna pudelīte

musluk

ūdenskrāns

banyo
vannas istaba

ısıtma
apkure
havlu
dvielis
duş
duša
duş perdesi
dušas aizkari
köpük banyosu
vannas putas
küvet
vanna
bardak
glāze
çamaşır makinesi
veļas mašīna
musluk
ūdenskrāns
fayans
flīzes
lazımlık
podiņš
evye
izlietne

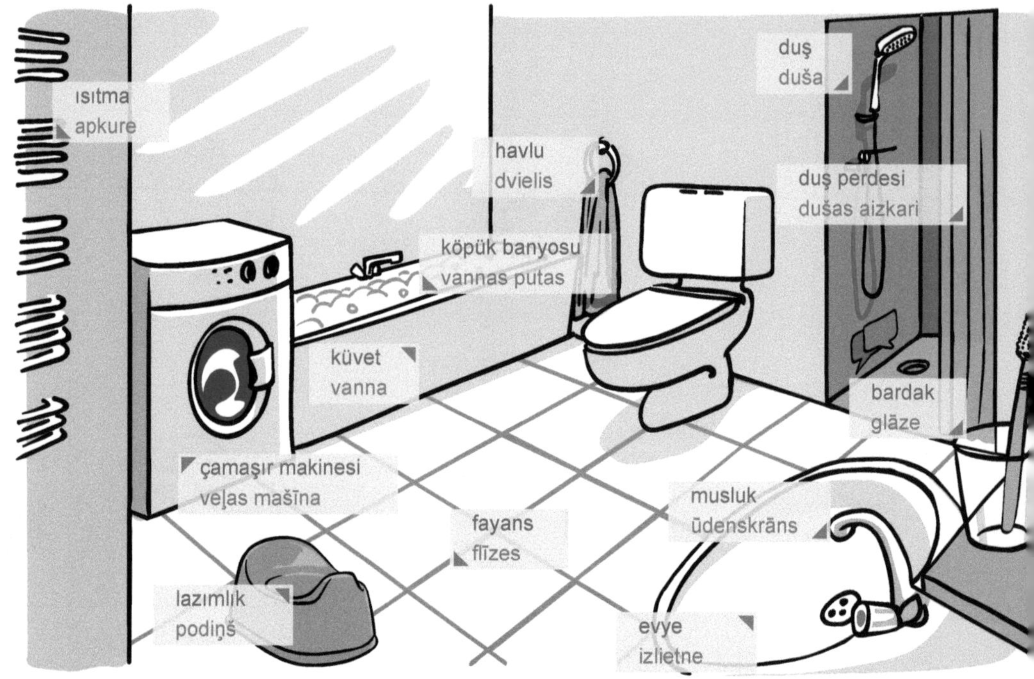

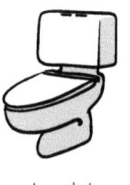

tuvalet

tualetes pods

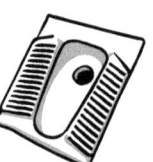

alaturka tuvalet

Āzijas tipa tualete

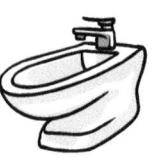

bide

bidē

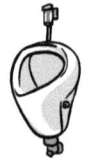

pisuvar

pisuārs

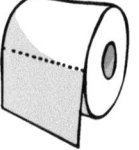

tuvalet kağıdı

tualetes papīs

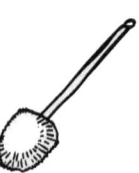

tuvalet fırçası

tualetes birste

diş fırçası

zobu birste

diş macunu

zobu pasta

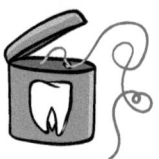

diş ipi

zobu diegs

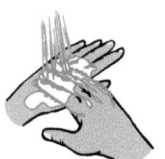

yıkamak

mazgāt

duş başlığı

rokas duša

duş başlığı şeklinde taharet musluğu

duša

küvet

bļoda

banyo fırçası

muguras mazgāšanas birste

sabun

ziepes

duş jeli

dušas želeja

şampuan

šampūns

banyo lifi

mazgāšanas drāna

gider

noteka

krem

krēms

deodorant

dezodorants

ayna

spogulis

el aynası

spogulītis

jilet

skuveklis

tıraş köpüğü

skūšanās putas

tıraş losyonu

losjons pēc skūšanās

tarak

ķemme

fırça

matu suka

saç kurutma makinesi

matu fēns

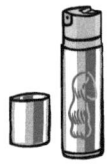

saç spreyi

matu laka

makyaj

grima komplekts

ruj

lūpu krāsa

tırnak cilası

nagulaka

pamuk

vate

tırnak makası

šķērītes

parfüm

smaržas

makyaj çantası

kosmētikas maks

tabure

ķeblītis

tartı

svari

bornoz

halāts

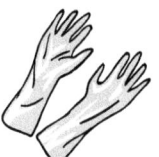

lastik eldiven

tīrīšanas cimdi

tampon

tampons

kadın pedi

pakete

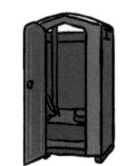

kimyevi tuvalet

ķīmiskā tualete

çocuk odası
bērnu istaba

çalar saat
modinātājs
peluş oyuncak
mīkstā rotaļlieta
oyuncak araba
spēļu automašīna
çıngırak
grabulis
bebek evi
leļļu māja
hediye
dāvana

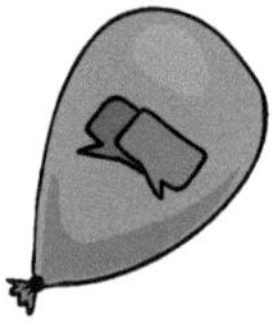

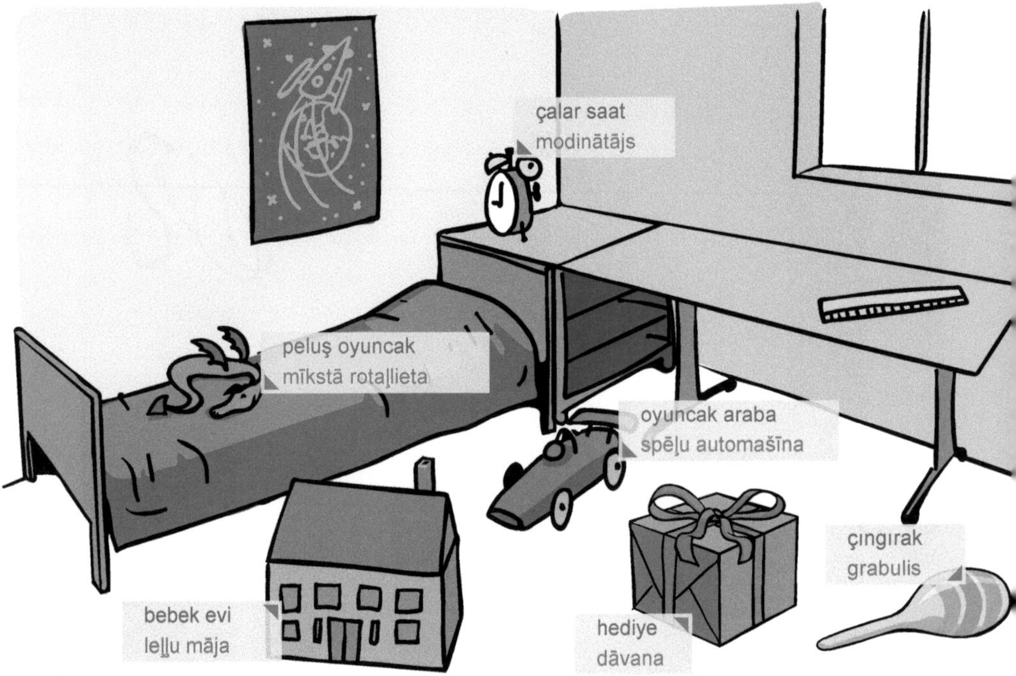

balon

balons

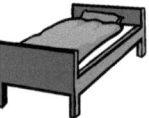

yatak

gulta

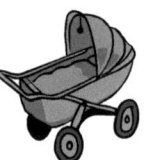

bebek arabası

bērnu ratiņi

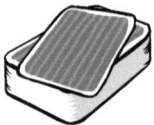

kart destesi

kārtis

yapboz

puzle

SUPER
MEGA

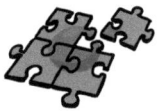

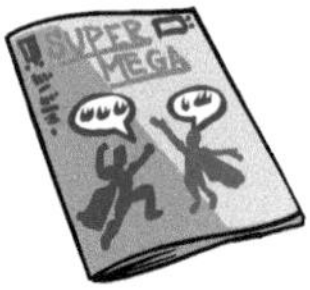

çizgi roman

komikss

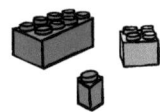

lego tuğlaları

LEGO klucīši

lego blokları

klucīši

aksiyon figürü

varoņu figūra

zıbın

rāpulītis

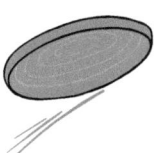

frizbi

lidojošais šķīvītis

dönence

muzikālais karuselis

masa oyunu

galda spēle

zar

metamais kauliņš

model tren seti

rotaļu dzelzceļš

emzik

māneklis

parti

ballīte

resimli kitap

bilžu grāmata

top

bumba

oyuncak bebek

lelle

oynamak

spēlēt

kum havuzu

smilšu kaste

salıncak

šūpoles

oyuncaklar

rotaļlietas

video oyun konsolu

spēļu konsole

üç tekerlekli bisiklet

trīsritenis

oyuncak ayı

plīša lācītis

gardırop

drēbju skapis

kıyafet

apģērbs

çorap

īszeķes

külotlu çorap

zeķes

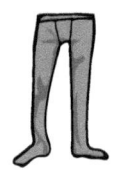

tayt

zeķbikses

eşarp
šalle

şemsiye
lietussargs

tişört
T-krekls

kemer
siksna

bot
zābaks

terlik
čības

spor ayakkabı
botas

sandalet
·················
sandales

ayakkabı
·················
kurpes

lastik çizme
·················
gumijas zābaki

külot
·················
apakšbikses

sütyen
·················
krūšturis

yelek
·················
apakškrekls

kıyafet - apģērbs

45

dar bluz
....

bodijs

pantolon
....

bikses

kot pantolon
....

džinsi

etek
....

svārki

bluz
....

blūze

gömlek
....

krekls

kazak
....

pulovers

süveter
....

džemperis

blazer
....

žakete

ceket
....

jaka

mont
....

mētelis

yağmurluk
....

lietus mētelis

kostüm
....

kostīms

elbise
....

kleita

gelinlik
....

kāzu kleita

takım elbise

uzvalks

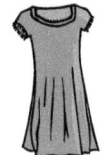

gecelik

naktskrekls

pijama

pidžama

sari

sari

baş örtüsü

lakats

türban

turbāns

burka

burka

kaftan

kaftāns

çarşaf

abaja

mayo

peldkostīms

erkek mayosu

peldbikses

şort

šorti

eşofman

treniņtērps

önlük

priekšauts

eldiven

cimdi

düğme
poga

gözlük
brilles

bilezik
rokassprādze

kolye
kaklarota

yüzük
gredzens

küpe
auskars

kep
cepure

portmanto
drēbju pakaramais

şapka
platmale

kravat
kaklasaite

fermuar
rāvējslēdzējs

kask
ķivere

pantolon askısı
bikšturi

okul forması
skolas forma

üniforma
uniforma

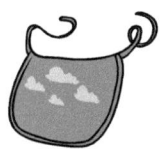

mama önlüğü

priekšautiņš

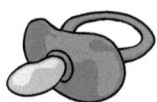

emzik

māneklis

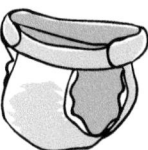

bebek bezi

autiņbiksītes

ofis

birojs

sunucu
serveris
dosya dolabı
dokumentu skapis
yazıcı
printeris
kağıt
papīrs
monitör
monitors
fare
pele
masa
rakstāmgalds
klasör
dokumentu vāki
klavye
klaviatūra
kağıt çöp kutusu
papīrgrozs
bilgisayar
dators
sandalye
krēsls

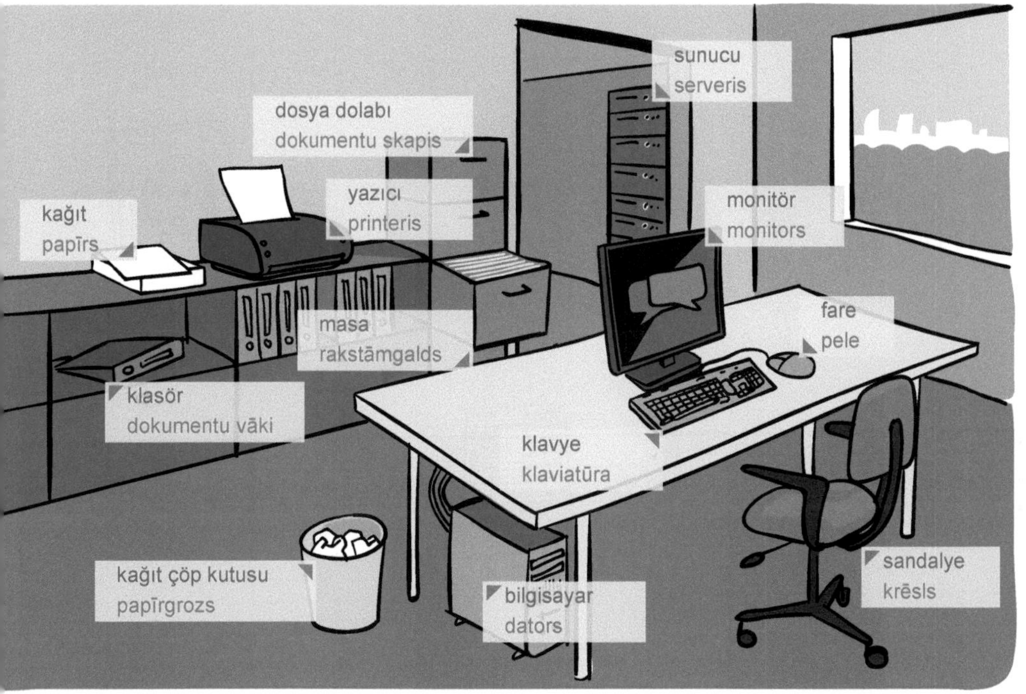

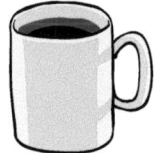

kahve fincanı

kafijas krūze

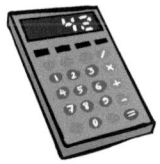

hesap makinesi

kalkulators

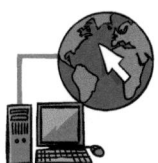

internet

internets

dizüstü

portatīvais dators

mektup

vēstule

mesaj

ziņa

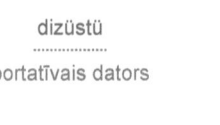

cep telefonu

mobilais tālrunis

ağ

tīkls

fotokopi makinesi

kopētājs

yazılım

programmatūra

telefon

telefons

priz

rozete

faks makinesi

faksa aparāts

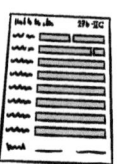

form

formulārs

belge

dokuments

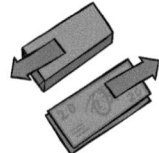

satın almak

pirkt

ödemek

samaksāt

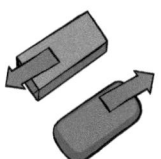

ticaret yapmak

tirgot

para

nauda

dolar

dolārs

avro

eiro

yen

jēna

ruble

rublis

İsviçre frangı

franks

Çin yuanı

juaņa renminbi

rupi

rūpija

kasa

bankomāts

döviz bürosu

valūtas maiņas punkts

altın

zelts

gümüş

sudrabs

petrol

nafta

enerji

enerģija

fiyat

cena

kontrat

līgums

vergi

nodoklis

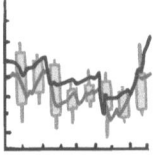

menkul değer

akcija

çalışmak

strādāt

işveren

darbinieks

işçi

darba devējs

fabrika

fabrika

mağaza

veikals

ekonomi - ekonomika

polis memuru
policists

itfaiyeci
ugunsdzēsējs

aşçı
pavārs

doktor
ārsts

pilot
pilots

bahçıvan

dārznieks

marangoz

galdnieks

terzi

šuvēja

hakim

tiesnesis

kimyager

ķīmiķis

aktör

aktieris

otobüs şoförü
autobusa vadītājs

taksi şoförü
taksometra vadītājs

balıkçı
zvejnieks

temizlikçi
apkopēja

çatı ustası
jumiķis

garson
viesmīlis

avcı
mednieks

boyacı
gleznotājs

fırıncı
maiznieks

elektrikçi
elektriķis

inşaatçı
celtnieks

mühendis
inženieris

kasap
miesnieks

muslukçu
skārdnieks

postacı
pastnieks

asker

karavīrs

mimar

arhitekts

kasiyer

kasieris

çiçekçi

florists

kuaför

frizieris

kondüktör

konduktors

tamirci

mehāniķis

kaptan

kapteinis

dişçi

zobārsts

bilim insanı

zinātnieks

haham

rabīns

imam

imāms

keşiş

mūks

rahip

mācītājs

aletler
instrumenti

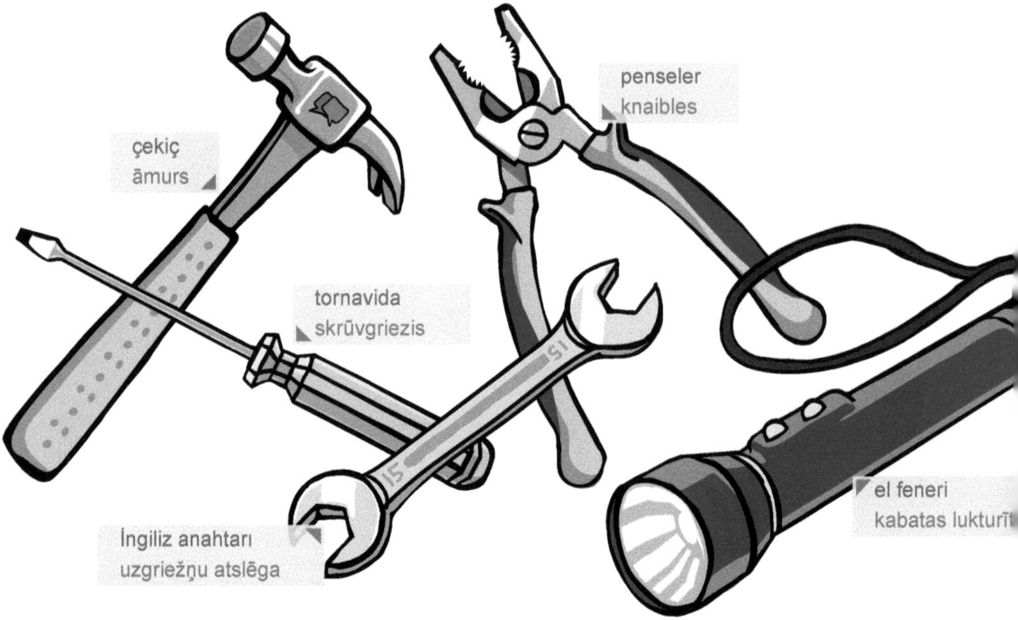

penseler
knaibles
çekiç
āmurs
tornavida
skrūvgriezis
İngiliz anahtarı
uzgriežņu atslēga
el feneri
kabatas lukturīt

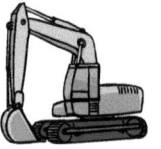

kazı makinesi

ekskavators

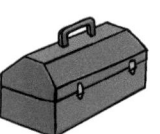

alet çantası

instrumentu kaste

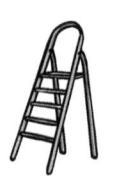

merdiven

kāpnes

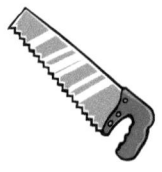

testere

zāģis

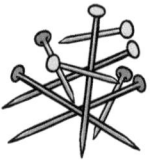

çiviler

naglas

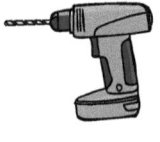

matkap

urbis

tamir etmek
remontēt

kürek
lāpsta

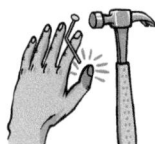

Kahretsin!
Velns!

faraş
liekšķere

boya tenekesi
krāsas bundža

vidalar
skrūves

müzik enstrümanı
mūzikas instrumenti

hoparlör
skaļrunis

bateri seti
bungas

kontrbas
kontrabass

trompet
trompete

gitar
ģitāra

piyano

klavieres

keman

vijole

basgitar

bass

timpani

timpāni

bateri

bungas

klavye

digitālās klavieres

saksafon

saksofons

flüt

flauta

mikrofon

mikrofons

hayvanat bahçesi
zooloģiskais dārzs

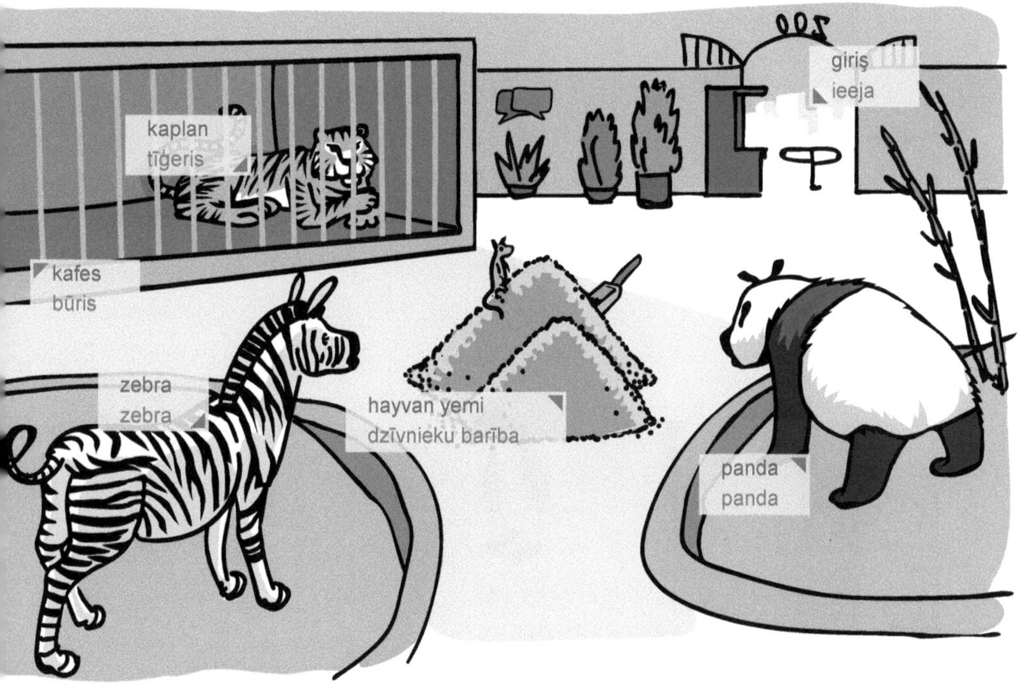

giriş
ieeja
kaplan
tīģeris
kafes
būris
zebra
zebra
hayvan yemi
dzīvnieku barība
panda
panda

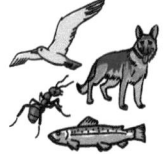

hayvanlar

dzīvnieki

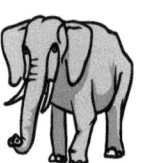

fil

zilonis

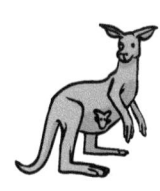

kanguru

ķengurs

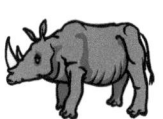

gergedan

degunradzis

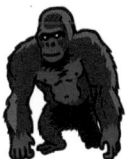

goril

gorilla

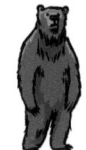

ayı

lācis

deve

kamielis

deve kuşu

strauss

aslan

lauva

maymun

pērtiķis

flamingo

flamings

papağan

papagailis

kutup ayısı

polārlācis

penguen

pingvīns

köpek balığı

haizivs

tavus kuşu

pāvs

yılan

čūska

timsah

krokodils

hayvanat bahçesi görevlisi

zoodārza sargs

fok

ronis

jaguar

jaguārs

midilli atı

ponijs

leopar

leopards

su aygırı

nīlzirgs

zürafa

žirafe

kartal

ērglis

yaban domuzu

meža cūka

balık

zivs

kaplumbağa

bruņurupucis

mors

valzirgs

tilki

lapsa

ceylan

gazele

amerikan futbolu
amerikāņu futbols

bisiklete binme
riteņbraukšana

tenis
teniss

basketbol
basketbols

yüzme
peldēšana

boks
bokss

buz hokeyi
hokejs

futbol
futbols

badminton
badmintons

atletizm
vieglatlētika

hentbol
rokas bumba

kayak
slēpošana

polo
polo

etkinlikler
darbības

gülmek
smieties
atlamak
lēkt
sarılmak
apskaut
yürümek
iet
söylemek
dziedāt
hayal etmek
sapņot
dua etmek
lūgt
öpmek
skūpstīt

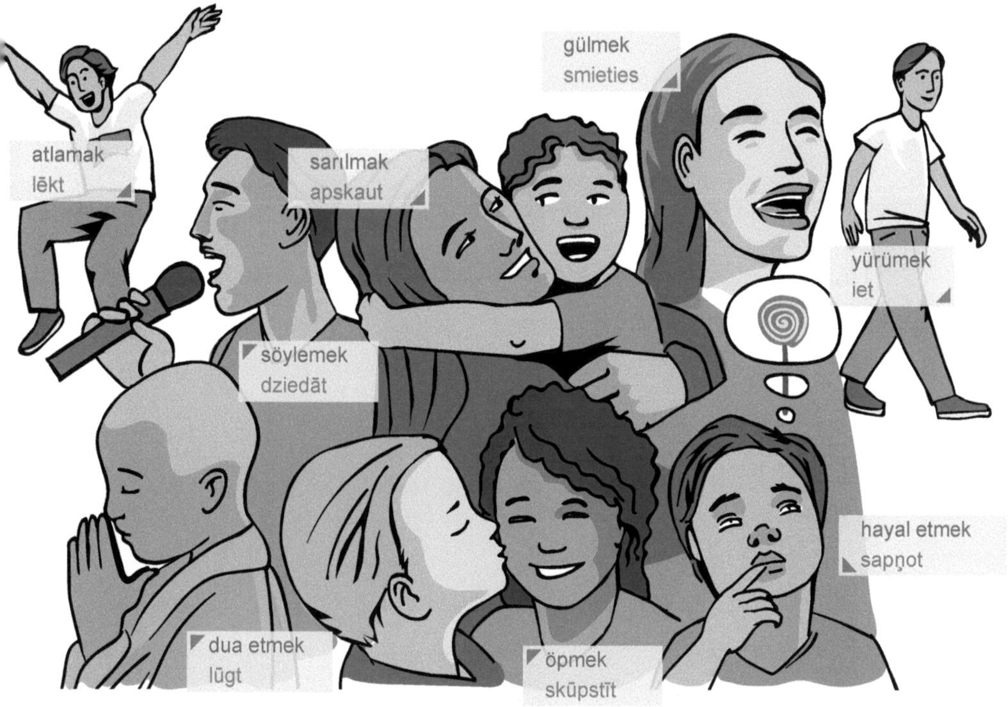

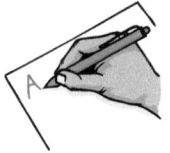

yazmak
rakstīt

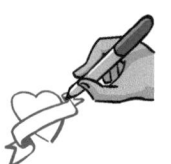

çizmek
zīmēt

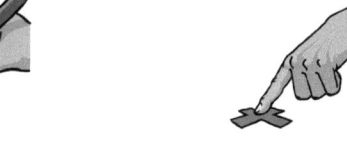

göstermek
rādīt

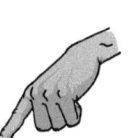

itmek
spiest

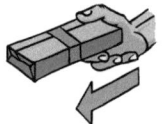

vermek
dot

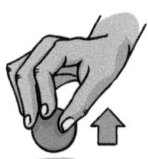

almak
ņemt

sahip olmak

būt

yapmak

darīt

olmak

būt

ayakta durmak

stāvēt

koşmak

skriet

çekmek

vilkt

atmak

mest

düşmek

krist

yalan söylemek

gulēt

beklemek

gaidīt

taşımak

nest

oturmak

sēdēt

giyinmek

uzģērbt

uyumak

gulēt

uyanmak

pamosties

bakmak

skatīties

ağlamak

raudāt

vurmak

glāstīt

taramak

ķemmēt

konuşmak

runāt

anlamak

saprast

sormak

jautāt

dinlemek

dzirdēt

içmek

dzert

yemek

ēst

düzenlemek

sakārtot

sevmek

mīlēt

pişirmek

vārīt

sürmek

braukt

uçmak

lidot

denize açılmak

burot

hesapla

rēķināt

okumak

lasīt

öğrenmek

mācīties

çalışmak

strādāt

evlenmek

precēties

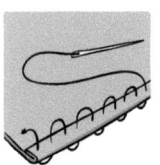

dikmek

šūt

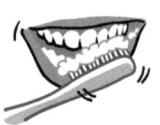

diş fırçalamak

tīrīt zobus

öldürmek

nogalināt

sigara içmek

smēķēt

yollamak

sūtīt

büyükanne
vecāmāte

büyükbaba
vectēvs

baba
tēvs

anne
māte

bebek
mazulis

kız
meita

oğul
dēls

misafir

viesis

teyze

tante

amca

onkulis

erkek kardeş

brālis

kız kardeş

māsa

vücut
ķermenis

alın
piere
göz
acs
omuz
plecs
parmak
pirksts
yüz
seja
çene
zods
el
roka
bacak
kāja
göğüs
krūtis
kol
roka

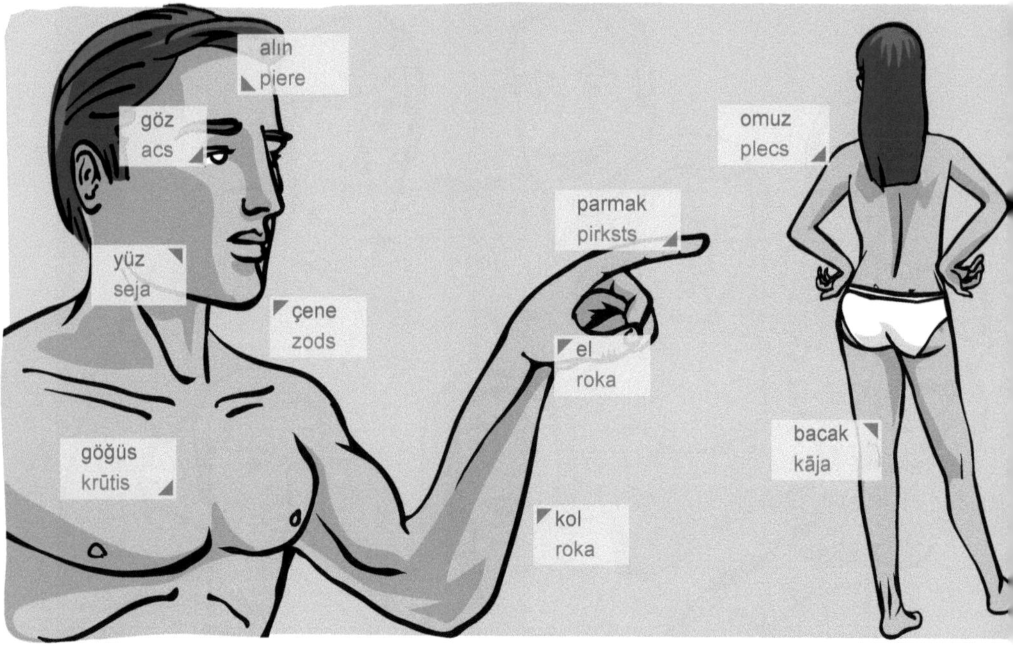

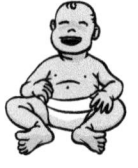

bebek

mazulis

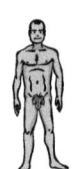

adam

vīrietis

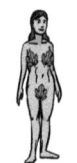

kadın

sieviete

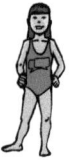

kız

meitene

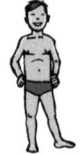

erkek çocuk

zēns

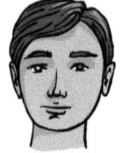

baş

galva

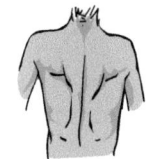

sırt

mugura

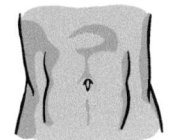

karın

vēders

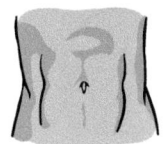

göbek

naba

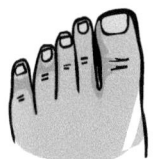

ayak parmağı

kājas pirksts

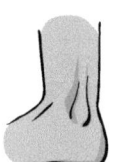

topuk

papēdis

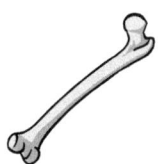

kemik

kauls

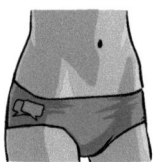

kalça

gurns

diz

celis

dirsek

elkonis

burun

deguns

kalça

dibens

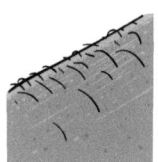

deri

āda

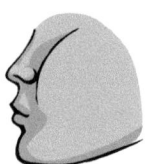

yanak

vaigs

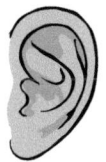

kulak

auss

dudak

lūpa

ağız

mute

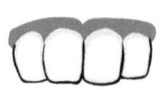

diş

zobs

dil

mēle

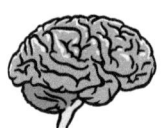

beyin

smadzenes

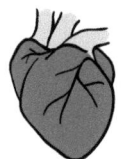

kalp

sirds

kas

muskulis

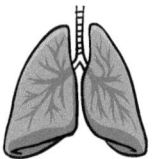

akciğer

plaušas

karaciğer

aknas

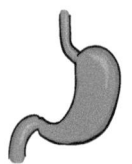

mide

kuņģis

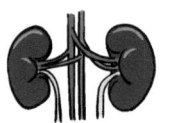

böbrekler

nieres

seks

dzimumakts

prezervatif

kondoms

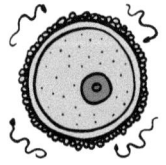

yumurtalık

olšūna

sperm

sperma

hamilelik

grūtniecība

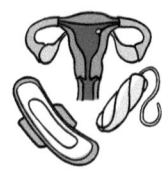

regl
menstruācijas

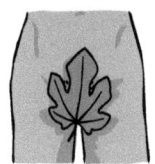

vajina
vagīna

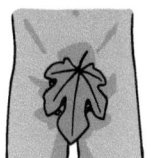

penis
penis

kaş
uzacs

saç
mati

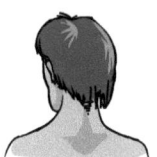

boyun
kakls

hastane
slimnīca

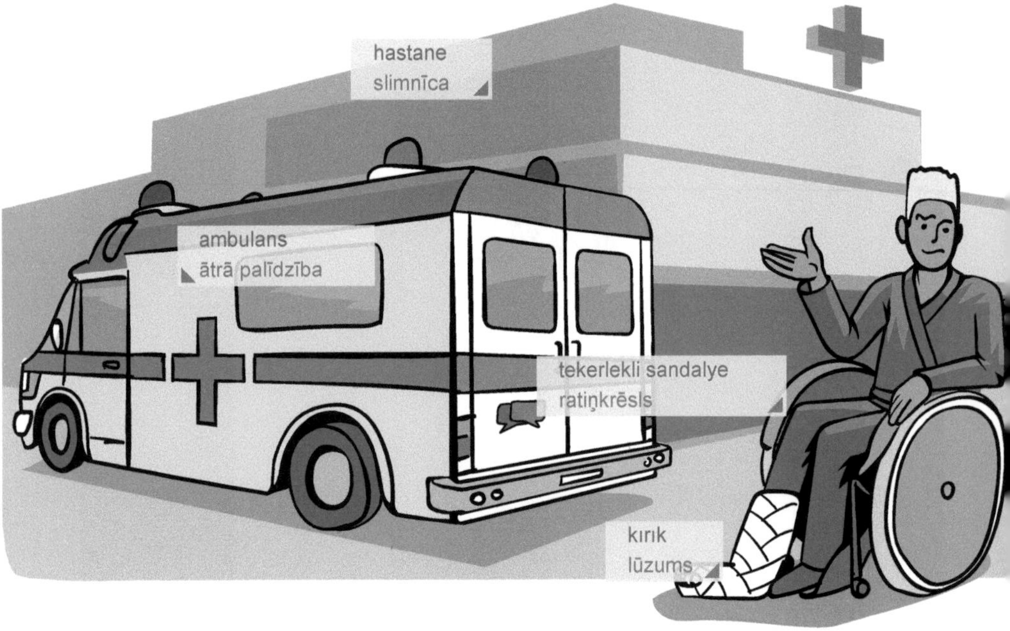

hastane
slimnīca
ambulans
ātrā palīdzība
tekerlekli sandalye
ratiņkrēsls
kırık
lūzums

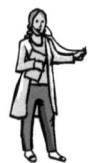

doktor

ārsts

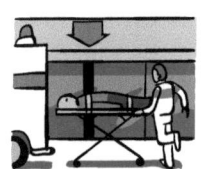

acil servis

neatliekamās palīdzības nodaļa

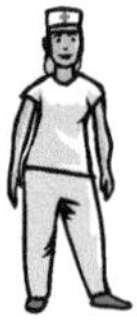

hemşire

medmāsa

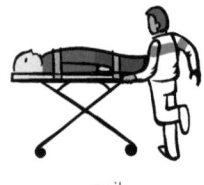

acil

ārkārtas gadījums

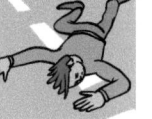

baygın

paģībis

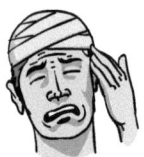

acı

sāpes

yaralanma

ievainojums

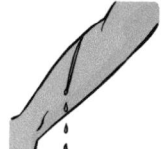

kanama

asiņošana

kalp krizi

sirdslēkme

felç

insults

alerji

alerģija

öksürük

klepus

ateş

temperatūra

grip

gripa

ishal

caureja

baş ağrısı

galvassāpes

kanser

vēzis

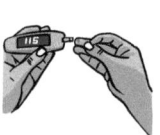

şeker hastalığı

diabēts

cerrah

ķirurgs

neşter

skalpelis

operasyon

operācija

bilgisayarlı tomografi

datortomogrāfija

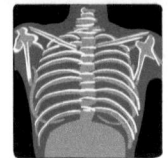

röntgen

rentgents

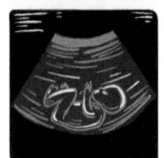

ultrason

ultraskaņa

yüz maskesi

sejas maska

hastalık

slimība

bekleme odası

uzgaidāmā telpa

koltuk değneği

kruķis

yara bandı

plāksteris

bandaj

apsējs

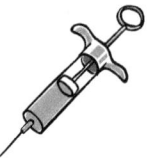

enjeksiyon

injekcija

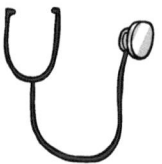

steteskop

stetoskops

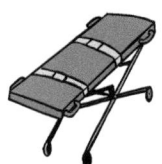

sedye

nestuves

tıbbi termometre

termometrs

doğum

dzemdības

fazla kilo

liekais svars

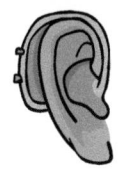

işitme cihazı
dzirdes aparāts

dezenfektan
dezinfekcijas līdzeklis

enfeksiyon
infekcija

virüs
vīruss

HIV / AIDS
HIV / AIDS

ilaç
zāles

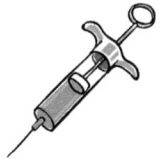

aşı
pote

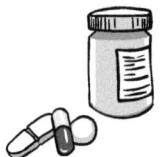

tablet
tabletes

hap
pretapaugļošanās tablete

acil çağrı
ārkārtas izsaukums

tansiyon aleti
asinsspiediena mērītājs

hasta / sağlıklı
slims / vesels

İmdat!
Palīgā!

alarm
trauksme

darp
uzbrukums

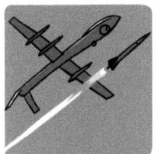

saldırı
uzbrukums

tehlike
bīstamība

acil çıkış
avārijas izeja

Yangın!
Uguns!

yangın tüpü
ugunsdzēšamais aparāts

kaza
negadījums

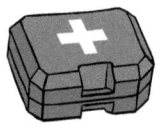

ilk yardım çantası
pirmās palīdzības aptieciņa

imdat
SOS

polis
policija

Avrupa

Eiropa

Kuzey Amerika

Ziemeļamerika

Güney amerika

Dienvidamerika

Afrika

Āfrika

Asya

Āzija

Avustralya

Austrālija

Atlantik

Atlantijas okeāns

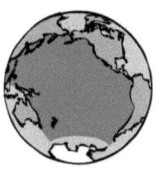

Pasifik

Klusais okeāns

Hint Okyanusu

Indijas okeāns

Antarktika Okyanusu

Dienvidu okeāns

Arktik Okyanusu

Ziemeļu ledus okeāns

Kuzey Kutbu

Ziemeļpols

Güney Kutbu

Dienvidpols

Antarktika

Antarktika

dünya

zeme

kara

zeme

deniz

jūra

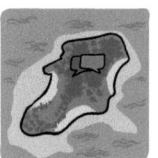

ada

sala

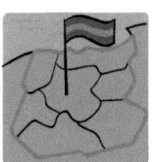

ulus

nācija

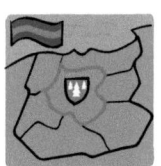

ülke

valsts

kadran

ciparnīca

akrep

stundu rādītājs

yelkovan

minūšu rādītājs

saniye ibresi

sekunžu rādītājs

Saat kaç?

Cik ir pulkstenis?

gün

diena

zaman

laiks

şimdi

tagad

dijital saat

digitālais pulkstenis

dakika

minūte

saat

stunda

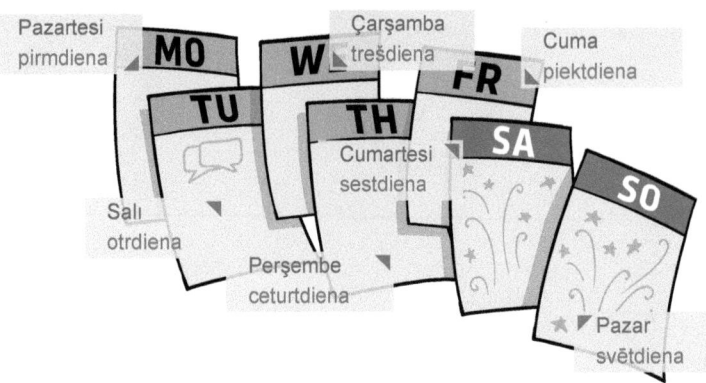

Pazartesi / pirmdiena
Çarşamba / treşdiena
Cuma / piektdiena
Salı / otrdiena
Cumartesi / sestdiena
Perşembe / ceturtdiena
Pazar / svētdiena

dün	bugün	yarın
vakardien	şodien	rītdien

sabah	öğle	akşam
rīts	pusdienlaiks	vakars

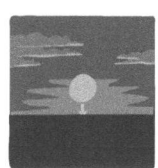

iş günleri	hafta sonu
darbadienas	brīvdienas

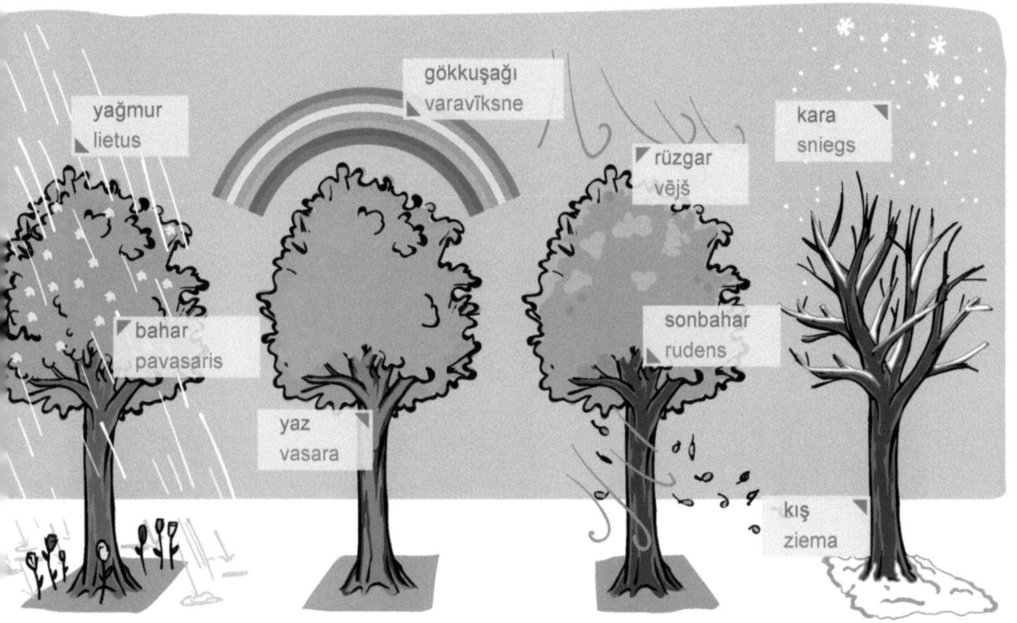

yağmur
lietus
gökkuşağı
varavīksne
rüzgar
vējš
kara
sniegs
bahar
pavasaris
sonbahar
rudens
yaz
vasara
kış
ziema

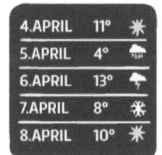

4.APRIL 11°
5.APRIL 4°
6.APRIL 13°
7.APRIL 8°
8.APRIL 10°

hava durumu tahmini

laika prognoze

F C
120 40
90 30
60 20
30 10
0 0
-30 -10
-20

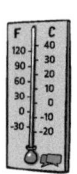

termometre

termometrs

güneş ışığı

saules gaisma

bulut

mākonis

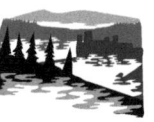

sis

migla

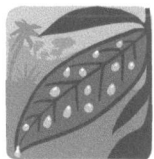

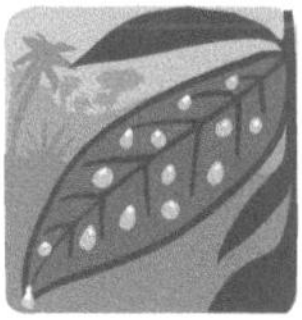

nem

gaisa mitrums

şimşek

zibens

gök gürültüsü

pērkons

fırtına

vētra

dolu

krusa

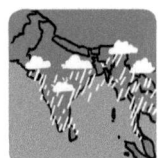

muson

musons

sel

plūdi

buz

ledus

Ocak

janvāris

Şubat

februāris

Mart

marts

Nisan

aprīlis

Mayıs

maijs

Haziran

jūnijs

Temmuz

jūlijs

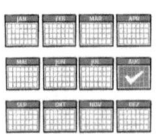

Ağustos

augusts

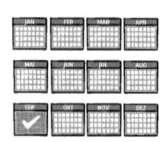

Eylül
....
septembris

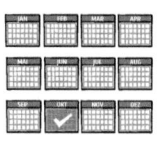

Ekim
....
oktobris

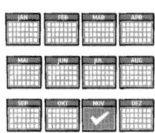

Kasım
....
novembris

Aralık
....
decembris

şekiller
formas

daire
....
aplis

kare
....
kvadrāts

dikdörtgen
....
četrstūris

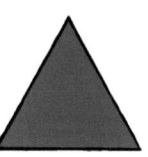

üçgen
....
trīsstūris

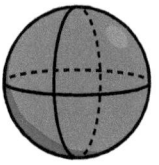

küre
....
lode

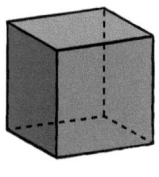

küp
....
kubs

beyaz

balts

sarı

dzeltens

turuncu

oranžs

pembe

sārts

kırmızı

sarkans

mor

lillā

mavi

zils

yeşil

zaļš

kahverengi

brūns

gri

pelēks

siyah

melns

çok / az

daudz / maz

kızgın / sakin

saniknots / miermīlīgs

güzel / çirkin

skaists / neglīts

başlangıç / son

sākums / beigas

büyük / küçük

liels / mazs

parlak / karanlık

gaišs / tumšs

erkek kardeş / kız kardeş

brālis / māsa

temiz / kirli

tīrs / netīrs

tamam / eksik

pilnīgs / nepilnīgs

gün / gece

diena / nakts

ölü / canlı

miris / dzīvs

geniş / dar

plats / šaurs

yenilebilir / yenilemez

baudāms / nebaudāms

kötü / iyi

nikns / laipns

heyecanlı / sıkılmış

satraukts / garlaikots

şişman / zayıf

resns / tievs

ilk / son

pirmais /pēdējais

dost / düşman

draugs / ienaidnieks

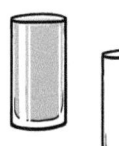

dolu / boş

pilns / tukšs

sert / yumuşak

ciets / mīksts

ağır / hafif

smags / viegls

açlık / susuzluk

izsalkums / slāpes

hasta / sağlıklı

slims / vesels

yasa dışı / yasal

nelegāls / legāls

zeki / aptal

inteliģents / dumjš

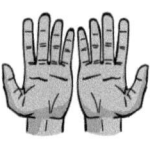

sol / sağ

kreisais / labais

yakın / uzak

tuvu / tālu

yeni / kullanılmış

jauns / lietots

hiçbir şey / bir şey

nekas / kaut kas

yaşlı / genç

vecs / jauns

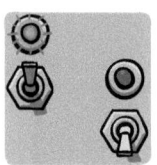

açma / kapama

ieslēgts / izslēgts

açık / kapalı

atvērts / slēgts

sessiz / gürültülü

kluss / skaļš

zengin / fakir

bagāts / nabags

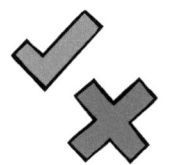

doğru / yanlış

pareizi / nepareizi

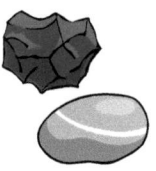

pürüzlü / düz

raupjš / gluds

üzgün / mutlu

noskumis / laimīgs

kısa / uzun

īss / garš

yavaş / hızlı

lēns / ātrs

ıslak / kuru

slapjš / sauss

sıcak / serin

silts / vēss

savaş / barış

karš / miers

0

sıfır

nulle

1

bir

viens

2

iki

divi

3

üç

trīs

4

dört

četri

5

beş

pieci

6

altı

seši

7

yedi

septiņi

8

sekiz

astoņi

9

dokuz

deviņi

10

on

desmit

11

on bir

vienpadsmit

12

on iki

divpadsmit

13

on üç

trīspadsmit

14

on dört

četrpadsmit

15

on beş

piecpadsmit

16

on altı

sešpadsmit

17

on yedi

septiņpadsmit

18

on sekiz

astoņpadsmit

19

on dokuz

deviņpadsmit

20

yirmi

divdesmit

100

yüz

simts

1.000

bin

tūkstotis

1.000.000

milyon

miljons

İngilizce

angļu

Amerikan İngilizcesi

amerikāņu angļu

Çince (Mandarin)

ķīniešu mandarīnu valoda

Hintçe

hindi

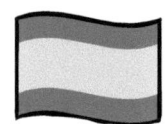

İspanyolca

spāņu

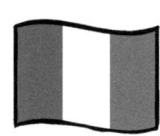

Fransızca

franču

Arapça

arābu

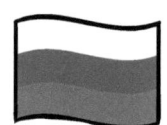

Rusça

krievu

Portekizce

portugāļu

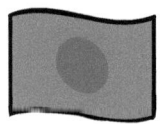

Bengalce

bengāļu

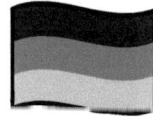

Almanca

vācu

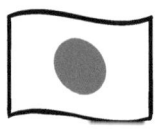

Japonca

japāņu

ben
es

sen
tu

o
viņš / viņa

biz
mēs

siz
jūs

onlar
viņi / viņas

kim?
kas?

ne?
ko?

nasıl?
kā?

nerede?
kur?

ne zaman?
kad?

isim
vārds

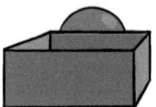

arkasında
......
aiz

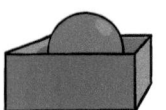

içinde
......
iekšā

önünde
......
priekšā

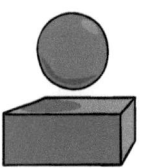

üzerinde
......
virs

üstünde
......
uz

altında
......
zem

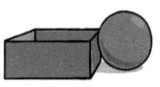

yanında
......
blakus

arasında
......
starp

yer
......
vieta